Liebe Schülerin, lieber Schüler!

Dies ist ein Lesetagebuch zu dem Buch **„Der Klassen-King"** von Elisabeth Zöller.

Genauer gesagt: Dies soll **dein Lesetagebuch** werden, das du ganz selbstständig schreibst und gestaltest.

Du findest hier viele Vorschläge, wie du mit dem Inhalt und den Personen des Buches, mit deinen Eindrücken beim Lesen, mit deinen Fragen, Gedanken und Gefühlen umgehen kannst.

Einige Aufgaben kannst du **vor dem Lesen** des Buches bearbeiten (S. 2 - 4), andere erst **nach dem Lesen** (S. 27–30). Die meisten Aufgaben beziehen sich auf die einzelnen Kapitel des Buches. Sie sollen dich **während des Lesens** zum Nachdenken, und Schreiben anregen (S. 5–26). Auf Seite 31 findest du eine kleine Wörtersammlung als Schreibanregung bzw. Schreibhilfe.

Notiere immer oben auf den Seiten, wann du an den jeweiligen Aufgaben gearbeitet hast. Kreuze auf der letzten Seite (**Inhaltsübersicht**) die Aufgaben an, die du bearbeitet hast. Dann kannst du dich schneller orientieren, wenn ihr einzelne Aufgaben gemeinsam mit der Klasse besprecht.

Du hast bestimmt noch weitere Ideen zu den gelesenen Kapiteln. Schreibe sie auf DIN-A4-Blätter und sammle sie ganz hinten im Lesetagebuch (Büroklammer). Auch einige der vorgeschlagenen Aufgaben kannst du auf Zusatzblättern bearbeiten.

Manche Aufgaben sind mit Symbolen versehen, die folgende Bedeutung haben:

- Zusatzaufgabe, die du auf extra Blättern bearbeiten sollst;
- Verweis auf die Materialien im Anhang des Buches.

Alles klar? – Dann viel Freude beim Lesen und Lesetagebuch-Schreiben.

Das Buch **„Der Klassen-King"** erzählt von Hannahs mutigem Kampf gegen das Mobbing in ihrer Klasse, das von einem neuen Mitschüler ausgeht und allmählich die ganze Klasse mitzieht.
Dabei ist Hannah in ihren Gefühlen hin- und hergerissen: Einerseits findet sie den Neuen in der Klasse, den alle nur Coolman nennen, ganz toll. Zu ihr ist er oft gar nicht cool, sondern manchmal richtig nett. Andererseits stößt es sie ab, dass er ständig den Unterricht stört und die Schwächeren piesackt.
Mit der Zeit hören in der Klasse alle auf sein Kommando, und auch die Klassenlehrerin ist hilflos. Doch Hannah will sich nicht damit abfinden, dass alle klein beigeben.

Datum: ....

Der Klassen-King

Lass den Buchtitel auf dich wirken und betrachte in Ruhe das Titelbild des Buches. Schreibe dann auf,
- was dir dazu spontan einfällt,
- was du unter einem Klassen-King verstehst,
- ob ihr in eurer Klasse auch einen Klassen-King habt,
- welche Fragen und Erwartungen du zu dem Buch hast.

Die Satzanfänge unten helfen dir beim Formulieren.

Ich vermute, dass...
Ich hoffe ...
Ich meine, ...
Ich finde, ...
Ich denke ...
In unserer Klasse ...

Was heißt eigentlich „cool"?

In dem Buch, das du lesen wirst, wird der Klassen-King „Coolman" genannt.
Das Wort **cool** stammt aus dem Englischen und heißt übersetzt eigentlich **kühl**. Mittlerweile gehört der Begriff **cool** zu unserer Alltagssprache, besonders bei Jugendlichen.
Was fällt dir spontan zum Wort „cool" ein?

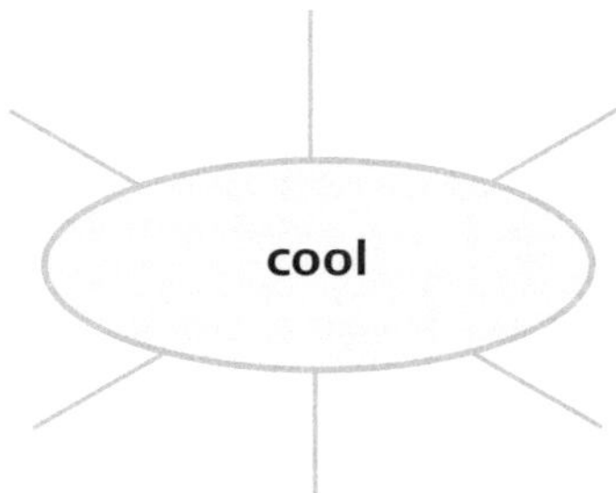

Befrage drei Freunde, Eltern oder Menschen in deiner Umgebung, was sie unter cool verstehen. Trage ihre Meinung in die Sprechblasen ein und notiere auf den Linien, wen du befragt hast.

Lies dir die folgenden Erklärungen für das Wort „cool" durch. Notiere dann darunter, in welchem Zusammenhang du das Wort „cool" am meisten benutzt oder schon einmal benutzt hast. Markiere im Kasten diejenigen Erklärungen, die dazu passen.

cool (englisch-amerikanisch) (umgangssprachlich für ruhig, überlegen, kaltschnäuzig; Jugendsprache für hervorragend) *(Duden, Die deutsche Rechtschreibung, S.292)*	**cool** (Adjektiv) [englisch, eigentlich = kühl]: 1. [stets] die Ruhe bewahrend. keine Angst habend, nicht nervös [werdend], sich nicht aus der Fassung bringen lassend; kühl und lässig, gelassen. *(Duden, Deutsches Universalwörterbuch, S. 342)*	**cool** (englisch; kühl): (salopp) 1. leidenschaftslos, nüchtern-sachlich und kühl im Handeln oder Einschätzen einer Situation. 2. sehr gut. *(Duden, Fremdwörterbuch, S. 187)*

 Datum: ....

Das ABC der coolen Wörter

Stell dir einmal vor, es gäbe das Wort „cool“ gar nicht. Durch welche anderen Wörter könnte man dieses Wort ersetzen? Finde bei den folgenden Beispielen jeweils ein anderes passendes Adjektiv. Wenn du Hilfe brauchst, schau in der Wörterliste auf Seite 31 nach.

cooler Film	⟶	Film
cooler Sessel	⟶	Sessel
cooles Lächeln	⟶	Lächeln
cooler Körper	⟶	Körper
cooles Auftreten	⟶	Auftreten
cooles Spiel	⟶	Spiel
coole Idee	⟶	Idee
cooles Wetter	⟶	Wetter
cooles Buch	⟶	Buch
coole Muskeln	⟶	Muskeln
cooles Fest	⟶	Fest
cooler Typ	⟶	Typ
coole Arbeit	⟶	Arbeit
coole Klasse	⟶	Klasse
coole Reise	⟶	Reise
coole Hose	⟶	Hose
cooler Besuch	⟶	Besuch
cooler Blick	⟶	Blick
cooler Sprung	⟶	Sprung
cooles Video	⟶	Video
cooles T-Shirt	⟶	T-Shirt

Die erste Begegnung

Zufällig treffen Hannah und Steffen aufeinander. Schreibe die ersten Worte bei ihrer Begegnung in die Sprechblasen.

In Hannahs Kopf schwirren viele Gedanken über Steffen, die sie aber nicht ausspricht. Schreibe einige Gedanken in die Denkblasen.

Was könnte Steffen wohl über Hannah denken? Schreibe mögliche Gedanken in die Denkblasen.

Datum: ....

Hannah ist verliebt.

Nach der ersten Begegnung mit Steffen hat Hannah ganz merkwürdige Gedanken und Gefühle. Wahrscheinlich ist sie verliebt. Aber warum wohl? Kreuze die richtigen Aussagen an.

Hannah ist verliebt,
- ☐ weil Steffen nett ist.
- ☐ weil er gut aussieht.
- ☐ weil er so cool tut.
- ☐ weil er nicht doof-cool, sondern lieb-cool wirkt.
- ☐ weil sie Coolman noch nicht so genau kennt.

Wie zeigt sich das Verliebtsein bei Hannah? Lies die Seiten 9 und 10 noch einmal genau durch und fülle dann die Lücken aus.

Im Schädel ________________________, im Kopf ________________________,

der Schädel ________________________, das Herz ________________________.

________________________ im Bauch und im Kopf.

Die Gedanken ________________________.

Im Kopf ________________________, im Bauch ________________________.

Das Verliebtsein trifft Hannah ________________________.

Hannah will Steffen unbedingt wiedersehen. Was tut sie deshalb?

____

Steffen erscheint aber nicht. Ergänze die angefangenen Sätze.

Hannah will ihn aus ihrem Kopf streichen, weil ________________________.

Sie will ihn vergessen, aber ________________________.

Was unterscheidet nach Hannahs Meinung Lieb-Coole von Doof-Coolen?

____

____

Datum: ....

Steffen Kuhlmann

In den ersten Kapiteln erfährst du aus Hannahs Sicht etwas über Steffens Aussehen, seine Kleidung und sein Auftreten. Notiere, was du über ihn erfährst, und ergänze die Angaben nach dem Lesen der weiteren Kapitel.

Steffen Kuhlmann

Aussehen: ______________________________

____

Kleidung: ______________________________

____

Auftreten: ______________________________

____

Eltern: ______________________________

Hobbys: ______________________________

____

Charakter/Eigenschaften: ______________________________

____

____

Besonderheiten: ______________________________

____

Stell dir vor, dass Steffen in deiner Klasse ist. Was würdest du über ihn denken?

____

____

Wenn das kein Zeichen ist!

Steffen steht plötzlich in der Tür des Klassenzimmers und erkennt Hannah.
Notiere, wie Hannah bei dieser zweiten Begegnung auf Steffens Verhalten reagiert.

Er blinzelt. Hannah ______________________________

Er stottert. Hannah ______________________________

Er grinst. Hannah ______________________________

Er schielt zu Hannah. Hannah ______________________________

Trage in die Denkblasen ein, was Steffen und Hannah wohl denken oder fühlen könnten.

Steffen Hannah

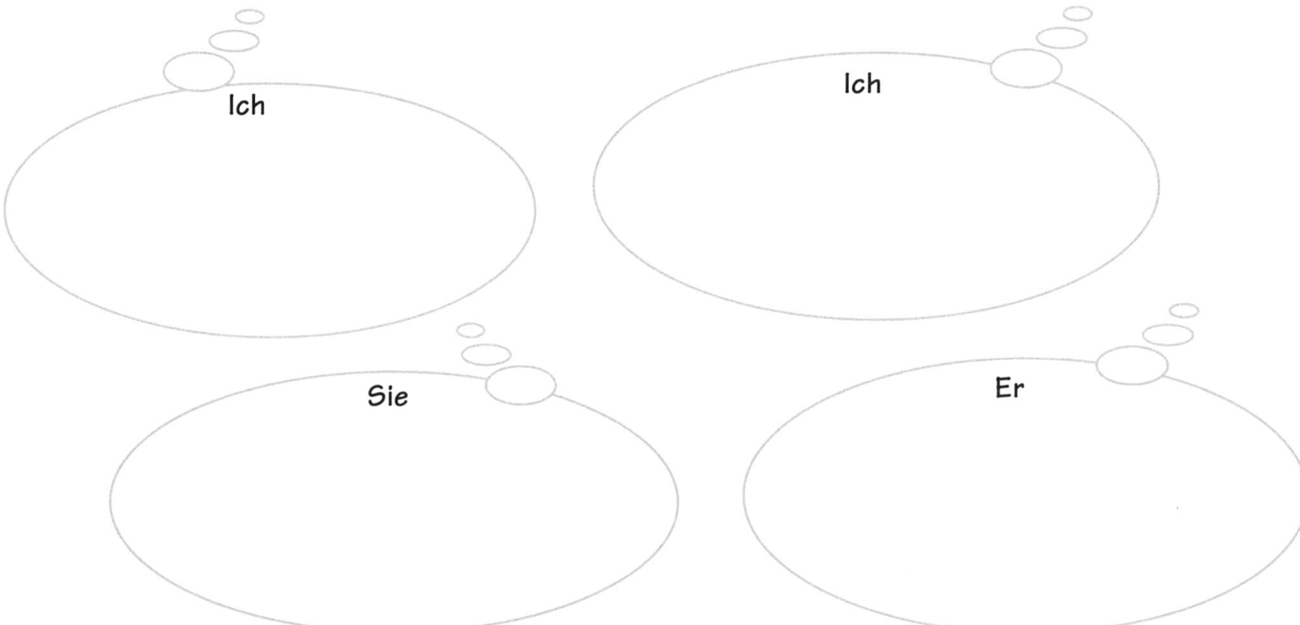

Die beiden sind bei dieser Begegnung ziemlich sprachlos. Warum wohl? Kreuze die passenden Antworten an.

- ☐ Sie trauen sich nicht, miteinander zu reden, weil sie cool sein wollen.
- ☐ Hannah ist so durcheinander, dass sie kein Wort herausbringt.
- ☐ Steffen ist ganz unsicher und weiß nicht, was er sagen soll.
- ☐ Steffen findet Hannah doof.
- ☐ Hannah hat Angst, sich zu blamieren.
- ☐ Steffen interessiert sich nicht für Hannah.
- ☐ Hannah schämt sich vor ihren Mitschülern.

Steffen kommt neu in die Klasse.

Ich würde mich am liebsten verstecken.

Alle starren mich an.

Lacht die mich aus?

Ich würde am liebsten im Boden versinken

Finde im Kapitel 3 oder 4 eine Textstelle, die belegt, dass Steffen ähnliche Gefühle hat.

____

____

Weder Hannah noch die Klasse noch Frau Hampel erleichtern Steffen den Neuanfang:

Hannah nicht, weil ______________________________ .

Die Klasse nicht, weil ____________________________ .

Frau Hampel nicht, weil ___________________________ .

Was hätten die Klasse oder Frau Hampel sagen können, um Steffen freundlich zu begrüßen?

Hannahs Annäherungsversuche

Hannah versucht, Steffen auf sich aufmerksam zu machen:	**So reagiert Steffen:**
Sie schielt zu ihm hinüber.	Er ______________________________ .
Sie schaut zu ihm hin.	Er ______________________________ .
Sie berührt ihn am Arm.	Er ______________________________ .
Sie stößt ihn an und schielt zu ihm hinüber.	Er ______________________________ .
Sie probiert Mamas Parfüm aus.	Er ______________________________ .
Sie fragt ihn, ob er Skateboard mit ihr fährt.	Er ______________________________ .
Sie stößt ihn aus Versehen an.	Er ______________________________ .

Beschreibe Hannahs Gefühlschaos.

Sie mag ihn, aber ______________________________

______________________________ .

Sie mag ihn, obwohl ______________________________

______________________________ .

Sie hat gleichzeitig Kribbeln und Wut im Bauch, weil ______________________________

______________________________ .

Sie hat Wut im Bauch, weil ______________________________

______________________________ .

Stell dir vor, Steffen trifft am Nachmittag einen ehemaligen Schulkameraden, der ihn nach der neuen Klasse fragt. Schreibe auf einem Zusatzblatt auf, was Steffen ihm über die Klasse und Hannah erzählen könnte.

Finde die passenden Überschriften!

Lies die Kapitel 6 – 13.
Finde jetzt für jedes Kapitel die passende Überschrift. Gib außerdem das Wichtigste aus jedem Kapitel in einem kurzen Satz wieder.

> Diese Begriffe helfen dir beim Finden der passenden Überschriften.
> **BOSSFEIGLINGKINDERSCHRECKSCHNORRERSUPERCOOLEKLASSENKINGVERWEIGERERWICHTIGTUER**

Kapitel 6 Coolman, der ____________________

____

Kapitel 7 Coolman, der ____________________

____

Kapitel 8 Coolman, der ____________________

____

Kapitel 9 Coolman, der ____________________

____

Kapitel 10 Coolman, der ____________________

____

Kapitel 11 Coolman, der ____________________

____

Kapitel 12 Coolman, der ____________________

____

Kapitel 13 Coolman, der ____________________

____

Der Aufsatz

Hannah tut sich schwer, den Aufsatz über ihre Klasse zu schreiben. Versetze dich in Hannahs Lage und schreibe den Aufsatz für sie. So kannst du beginnen: *Früher mochte ich meine Klasse. ...*

Du kannst aber auch, wenn du willst, einen Aufsatz über deine eigene Klasse schreiben.

„Cool-Spielen" und „Cool-Sein"

Hannah unterscheidet zwischen **„Cool-Spielen"** und **„Cool-Sein"** (S. 48).
Wer cool spielt, der tut nur cool, um cool zu wirken.
Wer wirklich cool ist, der handelt cool und überlegt, ist rücksichtsvoll und zeigt Gefühle.

Ordne die folgenden Aussagen dem „Cool-Spielen" und dem „Cool-Sein" richtig zu.
Nummeriere diejenigen Aussagen, die auf nur **„cool spielen"** zutreffen, mit einer 1
und die Aussagen, die auf **„wirklich cool sein und handeln"** zutreffen, mit einer 2.

___ Coole zeigen Gefühle.

___ Coole fühlen sich stark und überlegen.

___ Coole geben zu, wenn sie etwas falsch gemacht haben, und können sich entschuldigen.

___ Coole gestehen ein, wenn sie Fehler gemacht haben.

___ Coole haben eigene Spielregeln.

___ Coole halten sich an Regeln und Vereinbarungen.

___ Coole können über ihre Gefühle sprechen.

___ Coole machen nichts falsch.

___ Coole nennen es „Petzen", wenn man Probleme anspricht.

___ Coole provozieren gerne Lehrer und Mitschüler.

___ Coole sind lässig und fühlen sich anderen überlegen.

___ Coole geben zu, wenn sie Fehler gemacht haben.

___ Coole stehen für andere ein.

___ Coole verhalten sich fair.

___ Coole zeigen Zivilcourage.

Schreibe auf, was dich am „Cool-Spielen" am meisten ärgert und am „Cool-Sein" am meisten beeindruckt:

Am „Cool-Spielen" ärgert mich am meisten, dass ______________________________

____

Am „Cool-Sein" beeindruckt mich am meisten, dass ______________________________

____

Datum: ....

Soll ich oder soll ich nicht?

Hannah ist nach Steffens Anruf ganz durcheinander. Viele Gedanken und Fragen gehen ihr durch den Kopf.
Schreibe einige davon in die Denkblase. Dabei kannst du zwei unterschiedliche Farben benutzen: die eine für das, was **für** diese Verabredung spricht, die andere für das, was **dagegen** spricht.

Versuche zu erklären, warum Coolman sich mit Hannah verabredet.

Erkläre, warum Hannah trotz ihrer Zweifel die Verabredung annimmt.

Herzfunk

LILIPUZ-**Herzfunk** beantwortet Fragen rund um Körper, Liebe und Gefühle: www.wdr5.de/lilipuz/programm/**herzfunk**/

Dies ist ein Beispiel aus dem Herzfunk-Archiv:

Warum schlägt das Herz höher, wenn man seine Liebe sieht?

Aus ärztlicher Sicht

... gibt es aber tatsächlich auch eine körperliche Reaktion, die ausgelöst wird, wenn man seine Liebe sieht. Es gibt Steuerungsorte im Gehirn, an denen die Gefühle, die wir empfinden, verarbeitet werden. Kommt dort ein Signal, zum Beispiel *„Achtung, Liebe, Aufregung"* an, dann werden Botenstoffe ausgeschüttet. Diese wiederum bewirken solche Körperreaktionen, wie Herzklopfen, rote Wangen oder weiche Knie.

Tipp:

Was du tun kannst, wenn dein Herz dir das Signal gibt *„Hoppla, den Jungen oder das Mädchen mag ich besonders gern"*, hängt davon ab, was du möchtest:
Wenn du willst, dass er nichts davon mitbekommt, solltest du schnell abhauen oder umfallen. Wobei das natürlich dem Anderen auch Rätsel aufgeben kann.
Wenn du aber möchtest, dass die Person etwas von deinen Gefühlen mitbekommt, überleg, wie du es ihm oder ihr vielleicht zeigen kannst: Einen Brief schreiben oder zuzwinkern oder sogar den Mut aufbringen, die Person anzusprechen, wären vielleicht auch gute Möglichkeiten.

Stell dir vor, Hannah hätte die folgende Mail an Herzfunk geschickt:

Ich bin in einen Jungen verliebt, der ganz cool aussieht, sich aber ganz fies benimmt. Jetzt hat er sich mit mir verabredet. Ich fühle mich geschmeichelt und habe Schmetterlinge im Bauch. Aber da ist auch ein Gefühl, das mir sagt: Wie kannst du dich mit so einem Ekelpaket nur treffen? Was soll ich tun?

Stell dir vor, du sitzt in der Redaktion von Herzfunk. Wie beantwortest du Hannahs Anfrage?

Hannah verabredet sich mit Coolman.

Hannah trifft sich seit etwa zwei Wochen regelmäßig mit Coolman und seinen Freunden. Vervollständige die folgenden Sätze, sodass sie zu Hannahs Gedanken und Verhalten passen.

Hannah hat vergessen, dass ______________________________

Sie ist fasziniert, dass ______________________________

Sie verdrängt, dass ______________________________

Sie ist stolz, dass ______________________________

Sie unterdrückt ihr schlechtes Gewissen, weil ______________________________

Sie denkt nur noch daran, dass ______________________________

____

Sie verabredet sich nicht mehr mit ihrer Freundin, weil ______________________________

Hannahs Mutter meint: *„Du hast dich so verändert."* (S. 49) Was meint sie damit? Denk dir aus, was sie zu Hannah sagen könnte, und fülle die Sprechblasen.

Du

Du

Was meinst du zu Hannahs Verhalten? Kannst du Hannah verstehen?

____

____

____

Angst ist Angst.

Als Frau Hampel Hannahs Aufsatz kritisiert, denkt Hannah: *„Was ich erlebt habe, war aber Angst. Angst, Angst, Angst."* (S. 54)
Im ersten Abschnitt der Tabelle wird erklärt, warum Angst manchmal lebensnotwendig ist. Lies dir diesen Text aufmerksam durch.
Beantworte dann die Fragen in den anderen Spalten der Tabelle.

Angst haben ist manchmal lebensnotwendig – auch heute.	Jedes Lebewesen verfügt über natürliche Schutzvorrichtungen. Das gilt auch für den Menschen. Eine dieser Vorrichtungen ist die Angst. Jeder Mensch lebt mit Angstgefühlen, denn sie gehören zu ihm – wie sein Fingerabdruck. Dass man in bestimmten Situationen durch Angst geschützt wird, geht auf die Frühzeit unserer Entwicklungsgeschichte zurück. Damals war es notwendig, auf drohende Gefahren oder Angriffe blitzschnell zu reagieren, sei es in Form von Flucht oder Angriff. Heute ist dies teilweise auch noch erforderlich, z. B. im Straßenverkehr, wenn ein Fußgänger vor einem plötzlich auftauchenden Auto zurückspringt oder wenn jemand vor Schreck erstarrt. Trotzdem empfinden die meisten Menschen Angst als etwas Bedrohliches.
Welche Situationen können bei dir oder bei andern Menschen, die du kennst, Angst auslösen?	
Woran merkt man, dass man Angst hat?	
„Wer cool ist, hat keine Angst." Was hältst du von dieser Behauptung?	
Manchmal suchen Menschen ganz bewusst Erlebnisse, die eigentlich Angst machen. Welche Beispiele fallen dir dazu ein?	Bungeejumping –

 Datum: ....

Cliquenbildung

Wenn sich eine Schülergruppe vom Rest der Klasse durch Verhalten oder äußere Erkennungsmerkmale abspaltet, bezeichnet man diese Gruppe als Clique oder Gang. Die Folge ist hierbei häufig die Aufspaltung der Klasse in konkurrierende Parteien.

Wer gehört zum engen Kern der Clique um Coolman?

Welche gemeinsamen Erkennungsmerkmale hat die Clique um Coolman?

Warum schließen Nina, Götz und Annalena sich Coolman an?

Stell dir vor, du bist in der Klasse von Coolman. Welcher Gruppe würdest du dich anschließen? Kreuze an. Wenn du zu einer ganz anderen Gruppe gehören möchtest, kannst du eine entsprechende Bezeichnung in die freie Spalte eintragen.

Clique	Mitläufer	Opfer	Zuschauer, Schweiger	

Begründe deine Eintragung.

„Wir sind die Obercoolen!"

Die Clique rund um Coolman denkt: „Wir sind die Obercoolen!". Und dann lassen die Mitglieder der Clique sich immer neue Gemeinheiten einfallen.
Trage in der Tabelle jeweils in der zweiten Spalte stichwortartig ein, was sich in den angegebenen Kapiteln 21 - 25 ereignet.
Stell dir dann vor, du wärst als Zuschauer dabei gewesen. Wie schätzt du die einzelnen Handlungen ein? Ist das Gewalt oder nicht?
Kreuze deine Einschätzung an (Ja / Nein). Wenn du „Ja" angekreuzt hast, kannst du mit einem weiteren Kreuz bei den Ziffern von 1 (leichte Gewalt) bis 6 (schwere Gewalt) angeben, wie du die Handlungen beurteilst.

Kapitel		Ist das Gewalt?
21		ja nein 1 2 3 4 5 6
22		ja nein 1 2 3 4 5 6
23		ja nein 1 2 3 4 5 6
23		ja nein 1 2 3 4 5 6
24		ja nein 1 2 3 4 5 6
24		ja nein 1 2 3 4 5 6
25		ja nein 1 2 3 4 5 6

Lies den Text „Ist das Gewalt für dich – ja oder nein? Entscheide selbst!" im Anhang des Buches (S. 91-93) und bearbeite die zugehörigen Aufgaben.

Datum: ....

Markenklamotten

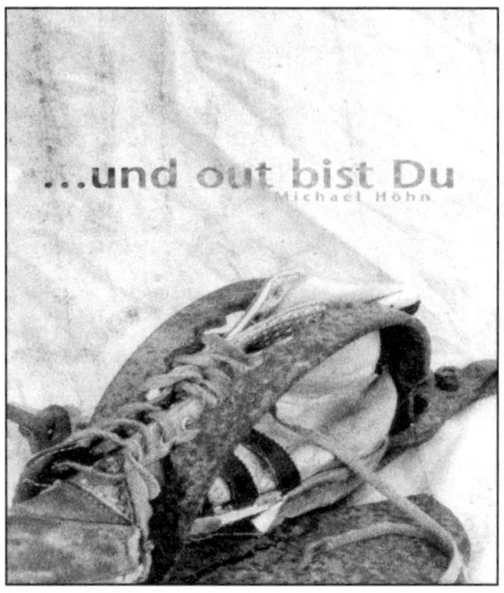

Michael Höhn: „... und out bist du". Martina Galunder Verlag. Nürmbrecht

„Du bist out, wenn du keine Markenklamotten trägst."
Auf eine fiese Art machen Coolman und seine Clique den Klassenkameraden klar, dass sie an diesen Spruch glauben. Schreibe auf, wie sie das machen.

___

___

___

„Cool ist nur, wer die richtigen Klamotten trägt. Markenklamotten sind das Tor zur Clique."
Hast du in deiner Klasse oder in deinem Freundeskreis schon ähnliche Erfahrungen gemacht? Notiere sie.

___

___

Kreuze an, welche der folgenden Satzenden du für richtig hältst.
Jemand, der sich nicht dem Diktat von Markenklamotten unterwirft und anzieht, was ihm Spaß macht und was ihm steht,

- ☐ will nicht nur aufgrund seines äußeren Erscheinungsbildes anerkannt werden.
- ☐ ist selbst schuld, wenn er von den Anderen nicht geachtet und gehänselt wird.
- ☐ sollte sich lieber anpassen, um geachtet zu werden.
- ☐ ist mutig und selbstbewusst.

Ein Lehrer lädt die Schülerinnen und Schüler zu einer Traumreise ein: Die Reise führt in eine Schule, in der alle gleich gekleidet sind, niemand trägt Markenklamotten, alle haben die gleichen Schultaschen und Arbeitsmaterialien, gefrühstückt wird gemeinsam am Frühstücksbüffet, niemand hat ein Handy oder einen Gameboy dabei. Diese Traumreise ist der Ausgangspunkt für die folgenden Fragen:

- Wie kann ich mich von den Anderen unterscheiden?
- Wie kann ich positiv auf mich aufmerksam machen?
- Welche Fähigkeiten brauche ich, um echte Freunde zu finden?

Beantworte diese Fragen auf einem Zusatzblatt.

Lies im Anhang des Buches die Texte „Wie wichtig sind dir Markenklamotten?" (S. 82) und „Schuluniform" (S. 83-84) und bearbeite die zugehörigen Aufgaben.

Die Mauer des Schweigens wird durchbrochen.

Endlich wird die Mauer des Schweigens durch Zufall durchbrochen und Frau Hampel erfährt Näheres über das Folterspiel.
So versuchen Coolmann, Tim, Götz und Toby sich aus der Affäre zu ziehen:

Aus unterschiedlichen Gründen haben alle in der Klasse so lange geschwiegen. Versetze dich in die Personen hinein und schreibe ihre möglichen Erklärungen in die Sprechblasen. Die folgenden Stichwörter können dir helfen:

aus Spaß am Kick, aus Feigheit, aus Angst, aus Gleichgültigkeit, aus Hilflosigkeit, aus Unsicherheit.

Alexander: Ich hatte Angst, dass ich hinterher doppelt fertig gemacht werde.

Götz:

Toby:

Tim:

Andere Schüler:

Wie hättest du dich in dieser Situation verhalten? Erläutere und begründe auf einem Zusatzblatt.

Datum: ....

Hannah wehrt sich.

Als Coolman von Hannah einen Kuss will, ruft Tim immer etwas dazwischen, aber die anderen schweigen (S. 66-67). Stell dir vor, du wärst dabei gewesen. Was würdest du Hannah oder Coolman zurufen?

Für Hannah: ______________________________

Für Coolman: ______________________________

Hannah nennt vier Gründe, warum so viel Angst in ihrem Kopf ist und warum sie das nicht mehr will (S. 68). Sicher fallen dir noch weitere Gründe dafür ein.

Weil ______________________________

Weil ______________________________

Weil ______________________________

Hannah ist überrascht, als ihre Mutter zu Hause sagt: *„Die können einem leidtun. ... Das sind arme Kinder."* (S. 68). Versuche Hannah zu erklären, was ihre Mutter damit gemeint haben könnte.

____

____

____

Hannah faucht ihre Mutter an: *„Ihr habt immer Mitleid mit den Coolen, den Tätern. Aber mit uns müsstet ihr auch mal Mitleid haben."* (S. 69) Stimmst du Hannah zu? Begründe deine Meinung.

____

____

Hannah hat eine Idee, wie man das Problem lösen kann: *„Wir müssen stark sein, damit die Coolen nicht mehr ihre fiese Stärke ausspielen können."* (S.69) In der Klasse sind sich alle einig, dass sich etwas ändern muss. Frau Hampel schlägt vor, mehr darüber zu reden (S. 70). Aber sonst gibt es keine Vorschläge, was man tun könnte. Wenn du einen Vorschlag machen kannst, dann notiere ihn.

____

____

Eine Strafe für Coolman?

Coolmans Eltern verklagen Hannah wegen Körperverletzung. Findest du das richtig? ☐ Ja ☐ Nein

Begründe. ______________________________

____

____

Frau Hampel beruft eine Klassenkonferenz ein. Dabei wird beschlossen, dass Coolman vierzehn Tage vom Unterricht ausgeschlossen wird. Suche mögliche Gründe, die für diese Maßnahme sprechen.

____

____

Fallen dir andere sinnvolle Maßnahmen oder Strafen für Steffens Vergehen ein?

____

____

Zu Hause hat Steffen Kuhlmann Zeit zum Nachdenken. Er schreibt einen Entschuldigungsbrief an die Klasse und einen an Hannah. Schreibe einen der beiden Briefe für ihn.

____

____

____

____

____

____

____

____

Datum: ....

Alle wollen etwas ändern.

Auf dem Elternabend werden weitere Maßnahmen und Ideen geäußert (S. 71). Auch die Klasse hat viele Vorsätze für die Zeit, wenn Coolman nach den vierzehn Tagen wiederkommt (S. 73). Schreibe einige davon auf und beurteile sie. Du kannst sie auch durch eigene Ideen ergänzen.

Maßnahme / Idee	**Meine Beurteilung**

Die Klasse würde am liebsten auch ein Schülergericht einrichten (S. 72). Was meinst du zu diesem Vorhaben? Notiere Argumente, die dafür und dagegen sprechen.

Dafür	**Dagegen**

Lies im Anhang des Buches den Text „Schülergerichte: Schüler urteilen über gleichaltrige Straftäter" (S. 94-95) und bearbeite die zugehörigen Aufgaben.

Das Mobbing-Frühwarnsystem

In dem Rätselgitter findest du eine Anzahl von Möglichkeiten, wie man Mobbing vermeiden kann. Es sind insgesamt zwölf Möglichkeiten versteckt, die jeweils aus zwei oder drei Wörtern bestehen. Sieben Möglichkeiten findest du in den waagerechten Spalten und fünf in den senkrechten.
Achtung: Ö = OE / ß = SS / Ü=UE.

MOBBING SCHLUSS DAMIT!
Eine Aktion von Seitenstark.de

www.seitenstark.de

A	S	S	E	W	Q	R	O	P	L	T	A	E	C	F	B	T	N	Z	E	D	S	O	P	I	R	W	T
H	I	A	E	L	Z	T	R	W	Q	P	I	O	T	F	A	R	U	A	L	F	R	S	J	I	E	E	F
R	C	G	H	J	O	S	S	E	R	M	N	U	R	L	M	B	F	S	A	Q	K	H	A	S	S	I	A
T	H	W	L	H	T	D	D	L	E	I	I	L	L	A	Q	W	R	T	D	V	C	X	B	I	K	L	I
F	E	H	L	E	R	Z	U	G	E	B	E	N	A	W	Y	X	C	M	D	E	R	I	W	A	D	E	R
J	N	M	O	R	N	I	M	E	S	B	R	O	C	C	E	N	L	A	I	T	A	P	O	U	T	D	M
Z	T	A	L	L	V	O	M	K	E	L	S	I	N	N	T	S	H	O	H	N	D	A	A	A	L	E	I
U	S	E	L	E	N	R	E	A	G	I	S	S	A	U	P	H	D	E	E	M	K	I	H	S	S	Q	T
T	C	N	O	E	N	A	S	T	O	P	P	S	A	G	E	N	D	N	U	P	L	A	N	H	T	Z	E
E	H	W	Q	P	L	A	P	H	I	E	R	A	N	P	L	U	B	R	Q	A	R	L	P	B	V	X	I
I	U	K	I	S	M	I	R	K	A	I	C	X	G	S	L	C	D	E	R	Y	X	M	N	U	T	G	N
R	L	A	T	T	S	E	U	L	S	U	H	N	S	H	A	E	S	S	C	W	E	U	N	H	J	K	A
H	D	B	L	S	U	P	E	S	O	N	O	Q	T	C	D	W	G	H	Z	C	Y	D	G	Y	I	A	N
G	I	K	V	O	F	E	C	H	E	U	E	L	Z	D	O	I	C	D	H	A	R	L	K	F	S	Q	D
B	G	A	I	F	U	M	H	S	I	J	K	M	U	T	I	G	S	E	I	N	D	E	W	Q	A	L	E
N	E	S	W	O	A	Q	E	L	H	U	F	X	G	Y	D	T	E	K	L	D	S	A	I	O	P	P	R
L	N	E	R	R	A	I	I	C	W	R	E	G	E	L	N	A	U	F	S	T	E	L	L	E	N	L	U
O	P	P	L	T	I	K	G	A	V	T	W	E	B	L	U	I	E	F	W	A	V	Z	N	X	Y	F	M
W	A	S	A	H	U	I	N	E	R	G	A	K	E	M	O	R	I	G	A	L	K	Y	E	N	I	D	G
Q	R	T	Z	I	P	T	O	M	G	R	T	A	N	E	R	V	Y	E	X	Z	T	E	F	I	J	A	E
T	O	W	I	L	W	Z	R	I	W	A	F	R	E	Z	J	I	L	K	H	G	D	T	A	W	A	W	H
U	P	O	F	F	E	U	I	H	P	S	I	E	G	E	I	J	Q	S	E	R	C	F	Z	Z	P	L	E
T	R	I	E	E	R	G	E	L	A	S	S	E	N	B	L	E	I	B	E	N	S	W	D	A	W	M	N
R	T	K	R	H	Q	P	R	H	R	T	S	T	G	G	Q	R	S	V	U	N	T	R	I	F	D	R	T
F	E	F	A	O	I	O	E	T	L	F	T	D	S	E	Q	I	F	H	A	S	D	L	E	W	A	I	J
V	I	S	I	L	K	E	N	E	I	N	S	A	G	E	N	K	O	E	N	N	E	N	H	P	A	N	Z
C	K	D	N	E	L	A	N	T	A	N	A	M	I	E	R	R	A	S	W	Q	Y	I	X	C	S	L	O
U	L	Q	O	N	I	E	M	A	N	D	E	N	A	U	S	S	C	H	L	I	E	S	S	E	N	E	L

Lies im Anhang des Buches den Text „Mobbing – was ist das?" (S. 85-89) und bearbeite die zugehörigen Aufgaben.

Datum: ....

Wer, wenn nicht wir?

Eindruckvoller als Worte können Bilder sein.
„Wer, wenn nicht wir?“ ist ein Ausstellungsprojekt der Künstlerin Silvia Izi zum Thema „Gewalt“.
Es soll Kinder dazu anregen, ihre Ängste, Wünsche, Hoffnungen und Träume zum Thema „Gewalt“ in Bildern darzustellen. Hier sind zwei Bilder von Schülern aus der Bildergalerie abgebildet. Wenn du dir weitere Bilder anschauen willst, schau im Internet unter **www.werwenn.de** nach.

www.werwenn.de

www.werwenn.de

Suche dir eins der beiden Bilder aus und beschreibe, was darauf zu sehen ist.

Schreibe auf, wie das ausgewählte Bild auf dich wirkt und welche Gedanken du dazu hast.

Auf einem Zusatzblatt kannst du dein eigenes Bild entwerfen. Stellt eure Bilder in der Klasse vor.

Happy End?

Vervollständige den Satz zum Begriff „Happy End“.

Ein Happy End nennt man es, wenn ein Film, ein Buch oder ein Erlebnis ______

______

Bist du mit dem Schluss des Buches zufrieden? Male auf der Skala zwischen + (sehr zufrieden) und – (gar nicht zufrieden) das Sternchen aus, welches deine Meinung wiedergibt.

+ ☆ ☆ ☆ ☆ ☆ ☆ ☆ ☆ –

Meine Begründung: ______

______

______

Entscheide, ob das Buch ein Happy End hat. Male auch hier das Sternchen aus, das deine Meinung wiedergibt.

+ ☆ ☆ ☆ ☆ ☆ ☆ ☆ ☆ –

Meine Begründung: ______

______

______

Hannah sagt im Klassengespräch: *„Wir brauchen keinen Klassen-King.“* (S. 73) Welche Begründung könnte sie dafür angeben?

______

______

______

Am Ende denkt Hannah: *„Ich in Steffen verliebt? Ich doch nicht!“* (S. 74). Was meinst du dazu?

______

______

 Datum: ....

Wie aufmerksam hast du gelesen?

Wenn du genau gelesen hast, kannst du alle gesuchten Wörter richtig eintragen.

Hannahs Nachname	_ _ _ _ _ _ _ _ _ _ _ _	7
So findet Hannah ihren Nachnamen.	_ _ _ _	
Der Vorname von Hannahs Freundin	_ _ _ _	2
Der Name der Straße, in der Hannah wohnt	_ _ _ _ _ _ _ _ _ _ _ _ _ _ _ _	14 3
Hannahs Haarfarbe	_ _ _ _ _	9
Der Name von Hannahs Bruder	_ _ _ _ _	1
Der Name des Mathematiklehrers	_ _ _ _ _ _ _ _	4
Der Name der Religionslehrerin	_ _ _ _ _ _ _ _ _ _	17
Der Name von Kuhlmanns Haushälterin	_ _ _ _ _	12 11
So verhält sich Tim in der Klasse.	_ _ _ _ _ _ _	13
So nennt Hannah Steffens Augen.	_ _ _ _ _ _ _ _ _ _ _	18 5
So nennt Hannah Steffens Gesicht	_ _ _ _ _ _ _ _ _	15
Damit redet sich die Clique immer heraus.	_ _ _ _ _ _ _ _ _ _ _ _ _ _ _ _ _	6 21
Frau Hampel ist entsetzt und murmelt:	_ _ _ _ _ _ _ _ _ _ _ _ _ _ _ _ _	8 24 10
„Die Jungen können einem leidtun.“, meint	_ _ _ _ _ _ _ _ _ _ _ _ _	19 20
Hannah meint, Jungen stehen auf	_ _ _ _ _ _ _ _ _ _ _	22
Was ist ein Hickelspiel?	_ _ _ _ _ _ _ _ _	16
Einer aus der Clique verspricht, sich zu ändern.	_ _ _	23

Trage die Buchstaben in der richtigen Reihenfolge ein und du erhältst einen Lösungssatz.

_ _ _ _ _   _ _ _ _   _ _ _ _   _ _ _ _ _ _ _   _ _ _ _

1 2 3 4 5   6 7 8 9   10 11 12 13   14 15 16 17 18 19 20   21 22 23 24

Meine Meinung zu dem Buch

Welche der Erwartungen, die du an das Buch hattest (siehe S. 2), sind erfüllt worden und welche nicht?

Unterstreiche die Wörter, die deinen Eindruck über das Buch wiedergeben. Begründe anschließend deine Einschätzungen.

Das Buch hat ...
mich beeindruckt – mich gelangweilt – mich betroffen gemacht – mich zum Nachdenken angeregt – mich verändert – mir einen Spiegel vorgehalten – Situationen geschildert, die ich selbst schon erlebt habe – ...

Nenne die Personen, mit denen du dich am besten identifizieren konntest, und begründe deine Entscheidung.

Ich würde das Buch anderen Kindern weiterempfehlen/nicht weiter empfehlen, weil ...

Auf diese Fragen hätte ich gern noch eine Antwort:

 Datum: ....

Fünf Vorschläge zur Weiterarbeit

- Schreibe für die Schülerzeitung eine **Buchbesprechung** zum Buch „Der Klassen-King".
  - Zuerst den Inhalt des Buches kurz wiedergeben.
  - Dabei besonders auf die Hauptpersonen Klassen-King und Hannah eingehen.
  - Danach zum Buch Stellung nehmen und deine Meinung begründen. (Dafür kannst du deine Aufzeichnungen auf Seite 29 nutzen).
  - Am Schluss aufschreiben, wem du das Buch zum Lesen empfehlen würdest.

- Wenn du gut zeichnen oder malen kannst, entwirf ein **Werbeplakat** für das Buch, das andere Schülerinnen und Schüler zum Lesen das Buchs anregen könnte.
  Oder:
  Entwirf mit einigen Mitschülern ein **Poster** zum Thema „Gib Gewalt keine Chance".
  Oder:
  Gestalte mit einigen Mitschülern **Stopp-Schilder, Buttons** oder **T-Shirts** gegen Gewalt.

- Gestalte mit einigen Mitschülern ein Rollenspiel zum Thema „Schülergericht".
  (Dazu kannst du den Text „Schülergerichte" aus dem Anhang des Buches – S. 94-95 – nutzen.)

- Entwirf ein **Mobbing-ABC:** z. B. Anmache, beleidigen, Chaosgefühl, ...
  Oder:
  Entwirf ein **Anti-Mobbing-ABC:** z.B. Achtung zeigen, bestimmt auftreten, ...

- Lies im Anhang des Buches die Texte „Sind Jungen anders?" (S. 76-78), „Ich knall ihr Eine?" (S. 79-80) und „Klassenspiel" (S. 80-81) und bearbeite die zugehörigen Aufgaben.

Lösung zum Rätsel auf S. 25:

A	**S**	S	E	W	Q	R	O	P	L	T	A	E	C	F	B	T	N	Z	E	D	S	O	P	I	R	W	T
H	**I**	A	E	L	Z	T	R	W	Q	P	I	O	T	F	A	R	U	A	L	F	R	S	J	I	E	E	**F**
R	**C**	G	H	J	O	S	S	E	R	M	N	U	R	L	M	B	F	S	A	Q	K	H	A	S	S	I	**A**
T	**H**	W	L	H	T	D	**D**	L	E	I	I	L	L	A	Q	W	R	T	D	V	C	X	B	I	K	L	**I**
F	**E**	**H**	**L**	**E**	**R**	**Z**	**U**	**G**	**E**	**B**	**E**	**N**	A	W	Y	X	C	M	D	E	R	I	W	A	D	E	**R**
J	**N**	M	O	R	N	I	**M**	E	S	B	R	O	C	C	E	N	L	A	I	T	A	P	O	U	T	D	**M**
Z	**T**	A	L	L	V	O	**M**	K	E	L	S	I	N	N	T	S	H	O	H	N	D	A	A	A	L	E	**I**
U	**S**	E	L	E	N	R	**E**	A	G	I	S	S	A	U	P	H	D	E	E	M	K	I	H	S	S	Q	**T**
T	**C**	N	O	E	N	A	**S**	**T**	**O**	**P**	**P**	**S**	**A**	**G**	**E**	**N**	D	N	U	P	L	A	N	H	T	Z	**E**
E	**H**	W	Q	P	L	A	**P**	H	I	E	R	A	**N**	P	L	U	B	R	Q	A	R	L	P	B	V	X	**I**
I	**U**	K	I	S	M	I	**R**	K	A	I	C	X	**G**	S	L	C	D	E	R	Y	X	M	N	U	T	G	**N**
R	**L**	A	T	T	S	E	**U**	L	S	U	H	N	**S**	H	A	E	S	S	C	W	E	U	N	H	J	K	**A**
H	**D**	B	L	**S**	U	P	**E**	S	O	N	O	Q	**T**	C	D	W	G	H	Z	C	Y	D	G	Y	I	A	**N**
G	**I**	K	V	**O**	F	E	**C**	H	E	U	E	L	**Z**	D	O	I	C	D	H	A	R	L	K	F	S	Q	**D**
B	**G**	A	I	**F**	U	M	**H**	S	I	J	K	**M**	**U**	**T**	**I**	**G**	**S**	**E**	**I**	**N**	D	E	W	Q	A	L	**E**
N	**E**	S	W	**O**	A	Q	**E**	L	H	U	F	X	**G**	Y	D	T	E	K	L	D	S	A	I	O	P	P	**R**
L	**N**	E	R	**R**	A	I	**I**	C	W	**R**	**E**	**G**	**E**	**L**	**N**	**A**	**U**	**F**	**S**	**T**	**E**	**L**	**L**	**E**	**N**	L	**U**
O	P	P	L	**T**	I	K	**G**	A	V	T	W	E	**B**	L	U	I	E	F	W	A	V	Z	N	X	Y	F	**M**
W	A	S	A	**H**	U	I	**N**	E	R	G	A	K	**E**	M	O	R	I	G	A	L	K	Y	E	N	I	D	**G**
Q	R	T	Z	**I**	P	T	**O**	M	G	R	T	A	**N**	E	R	V	Y	E	X	Z	T	E	F	I	J	A	**E**
T	O	W	I	**L**	W	Z	**R**	I	W	A	F	R	E	Z	J	I	L	K	H	G	D	T	A	W	A	W	**H**
U	P	O	F	**F**	E	U	**I**	H	P	S	I	E	G	E	I	J	Q	S	E	R	C	F	Z	Z	P	L	**E**
T	R	I	E	**E**	R	**G**	**E**	**L**	**A**	**S**	**S**	**E**	**N**	**B**	**L**	**E**	**I**	**B**	**E**	**N**	S	W	D	A	W	M	**N**
R	T	K	R	**H**	Q	P	**R**	H	R	T	S	T	G	G	Q	R	S	V	U	N	T	R	I	F	D	R	T
F	E	F	A	**O**	I	O	**E**	T	L	F	T	D	S	E	Q	I	F	H	A	S	D	L	E	W	A	I	J
V	I	S	I	**L**	K	E	**N**	**E**	**I**	**N**	**S**	**A**	**G**	**E**	**N**	**K**	**O**	**E**	**N**	**N**	**E**	**N**	H	P	A	N	Z
C	K	D	N	**E**	L	A	N	T	A	N	A	M	I	E	R	R	A	S	W	Q	Y	I	X	C	S	L	O
U	L	Q	O	**N**	**I**	**E**	**M**	**A**	**N**	**D**	**E**	**N**	**A**	**U**	**S**	**S**	**C**	**H**	**L**	**I**	**E**	**S**	**S**	**E**	**N**	E	L

Kleines Wörterbuch – als Schreibhilfe

aggressiv
Anerkennung
Aufmerksamkeit
aufregend
Beachtung
begeistert
bequem
Bewunderung
buhlen
charakterlos
charmant
drahtig
drangsalieren
elegant
erpressen
fair
famos
faszinieren
feige
gedankenlos
gefühllos
gelassen
gemein
genial
Gewaltspirale
gewissenlos
gleichgültig
großspurig
herrlich
hervorragend
hilflos
ignorieren
interessant
kaltschnäuzig
klasse
kräftig
kühl
Kulleraugen
lässig
leger
lustig
mutig
nett
nüchtern
ordentlich
originell
Pokerface
prima
provozieren
riskant
ruhig
salopp
schick
schikanieren
Schlabberhosen
spitze
sprachlos
stark
super
tapfer
toll
tyrannisieren
überlegen
überraschend
unmöglich
Unrechtsbewusstsein
verbale Attacke
verknallt
verlegen
verliebt
waghalsig
wahnsinnig
weghören
zackig
zünftig
Zivilcourage

Lösungshilfe zu Seite 25

- Fehler zugeben
- entschuldigen
- Dumme Sprüche ignorieren
- Sofort Hilfe holen
- Stopp sagen
- Angst zulassen können
- Regeln aufstellen
- Gelassen bleiben
- Nein sagen können
- Niemanden ausschließen
- Fair miteinander umgehen

Lösung zu Seite 28

Wie aufmerksam hast du gelesen?

Der Nachname von Hannah?	Nettelbreker
So findet Hannah ihren Nachnamen	doof
Der Vorname von Hannahs Freundin	Juli
Der Name der Straße, in der Hannah wohnt	Schmeddingstraße
Die Haarfarbe von Hannah	blond
Der Name von Hannahs Bruder	Malte
Der Name des Mathematiklehrers	Herr Bein
Der Name der Religionslehrerin	Frau Tümper
Der Name von Kuhlmanns Haushälterin	Lydia
So verhält sich Tim in der Klasse.	vorlaut
So nennt Hannah Steffens Augen	Kulleraugen
So nennt Hannah Steffens Gesicht	Boxerface
Damit redet sich die Clique immer heraus.	Das war doch nur Spaß.
Frau Hampel ist entsetzt und murmelt:	Wir müssen etwas tun.
„Die Jungen können einem leidtun.“, meint	Hannahs Mutter
Hannah meint, Jungen stehen auf	coole Socken
Was ist ein Hickelpiel?	Hüpfspiel
Einer aus der Clique verspricht sich zu ändern.	Tim

Lösungssatz: **Mutig sein will gelernt sein.**

Inhaltsübersicht

Seite im Lesetagebuch	Thema	Kapitel im Buch	Seiten im Buch	bearbeitet
	Vor dem Lesen			
2	Der Klassen-King			☐
3	Was heißt eigentlich „cool“?			☐
4	Das ABC der coolen Wörter			☐
	Während des Lesens			
5	Die erste Begegnung	1-2	7-11	☐
6	Hannah ist verliebt.	1-2	7-11	☐
7	Steffen Kuhlmann	1-3	7-13	☐
8	Wenn das kein Zeichen ist!	3	11-13	☐
9	Steffen kommt neu in die Klasse.	3-4	11-14	☐
10	Hannahs Annäherungsversuche	5	15-18	☐
11	Finde die passenden Überschriften!	6-13	19-33	☐
12	Der Aufsatz	16	39-42	☐
13	”Cool-Spielen” und “Cool-Sein”	17	42-48	☐
14	Soll ich oder soll ich nicht?	17-18	42-49	☐
15	Herzfunk	17-18	42-49	☐
16	Hannah verabredet sich mit Coolman.	17-18	42-49	☐
17	Angst ist Angst.	19	50-54	☐
18	Cliquenbildung	11-12, 20-21	27-31, 55-57	☐
19	„Wir sind die Obercoolen!“	21-25	56-67	☐
20	Markenklamotten	23	60-61	☐
21	Die Mauer des Schweigens wird durchbrochen.	24	62-65	☐
22	Hannah wehrt sich.	25-26	66-70	☐
23	Eine Strafe für Coolman?	27	71-72	☐
24	Alle wollen etwas ändern.	27-28	71-74	☐
25	Das Mobbing-Frühwarnsystem	28	72-74	☐
26	Wer, wenn nicht wir?	28	72-74	☐
	Nach dem Lesen			
27	Happy End?			☐
28	Wie aufmerksam hast du gelesen?			☐
29	Meine Meinung zu dem Buch			☐
30	Fünf Vorschläge zur Weiterarbeit			
31	Kleines Wörterbuch – als Schreibhilfe/ Lösungshilfen			